AF305856

DEFENSE

De l'AUTEUR
De la Recherche de la Verité,

contre l'accusation de
Mr. DE LA VILLE.

*Où l'on fait voir, que s'il étoit permis à un parti-
culier, de rendre suspecte la Foi des autres hommes
sur des consequences bien ou mal tirées de leurs principes, il n'y auroit personne qui se pust mettre à couvert du reproche d'heresie.*

A ROTTERDAM,
Chez REINIER LEERS,
M. DC. LXXXIV.

DEFENSE
De L'AUTEUR
De la Recherche
de la Verité,

Contre l'accusation de
Mr. DE LA VILLE.

IL y a quelque tems qu'il parut ici un Ouvrage, dont le titre seul effraya beaucoup de gens, & excita bien des paſſions dans les eſprits. Pluſieurs perſonnes vouloient même que je priſſe part à la querelle que l'Auteur faiſoit aux Carteſiens. Comme d'un côté Mr. de la Ville, tel étoit ſon nom, m'avoit fait l'honneur de me mettre au nombre de ces Philoſophes, je ne ſçai pas dans quel deſſein; & que de l'autre il s'étoit diverti à me traveſtir en ridicule, ils aſſuroient, que ſi je voulois bien ſouffrir qu'il me traitât de téméraire, d'ignorant,

A 2

d'exd'extravagant, de visionnaire, & enfin d'heretique, je ne pouvois en conscience abandonner la vérité, & laisser prendre aux ennemis de la Foi les avantages qu'il leur accordoit.

Je rends justice à ces Messieurs, & j'avoüe que leurs raisons étoient fort solides: mais je les prie de croire, que si je ne m'y rendis pas, c'est que d'autres personnes étoient d'un sentiment bien different, qui me paroissoit aussi tres-raisonnable, & pour lequel enfin j'avois plus d'inclination; car je ne veux point décider de la solidité de leurs raisons. De plus, comme Mr. de la Ville n'est pas trop délicat sur la bonne foi, je prevoyois bien que son Ouvrage feroit plus de bruit & d'éclat, que de tort à la vérité. Et pour ce qui me regarde, je croyois qu'il ne me faisoit point d'injustice de me mépriser. Je puis l'assurer, que je me méprise moi-même beaucoup plus qu'il ne le souhaitte. Il est vrai que le mépris que j'ai pour moi-même, n'est pas fondé sur les mêmes idées qui l'ont porté à me traiter aussi cavaliérement qu'il a fait. Mais je voudrois bien que les raisons que j'ai de me mépriser ne fussent point véritables:

                   &je

& je confentirois volontiers, que toutes mes mauvaifes qualitez fuffent changées en celles qu'il lui a plû de me donner, pourvû qu'il voulût bien en excepter la qualité d'heretique, ou d'une perfonne dont la Foi doit être fufpecte.

Comme je fçai qu'il n'y a rien de fi dangereux, que d'exciter les paffions des hommes, principalement fur de certains fujets, qui femblent mettre à couvert des reproches de la Raifon, les plus violentes & les plus deraifonnables; j'ai crû devoir me taire, pour ne pas entretenir les efprits dans le mouvement où je les voyois. Mais à prefent que ce mouvement eft rallenti, & qu'il femble n'y avoir plus de fuites fàcheufes à craindre; je croi devoir fatisfaire mes amis, & me contenter moi-même. Je ne veux point affecter un filence fier & méprifant à l'égard de Mr. de la Ville: je confeffe avec fincerité, qu'il m'a fenfiblement offenfé: car je ne fuis ni Stoïcien, ni ftupide: je fens quand on me bleffe, & je n'ai point de honte de l'avouër. L'accufation publique d'herefie n'eft pas facile à fupporter, principalement à des Ecclefiaftiques. Quelque injufte qu'elle foit, elle ne laiffe pas

de rendre ſuſpecte la Foi des accuſez, en
ce ſiecle-ci plus qu'en aucun autre : &
perſonne ne peut être prodigue de cette
eſpece de reputation, ſi la charité ne l'y
oblige ; ce qui n'arrive preſque jamais.

Je n'ai donc rien à répondre à l'égard
des injures par leſquelles cet Auteur
tâche de me noircir. Je ne le citerai
point devant les Juges ordinaires, pour
me faire une réparation publique : & je
n'uſerai point d'autres voyes permiſes
par la loi naturelle, pour me faire rendre
ce que je puis en conſcience lui abandonner. Je ſuis tout ce qu'il lui plaira,
ignorant, viſionnaire ; mais je ne ſuis
point heretique. Je ne ſuis point ſoupçonné d'hereſie, du moins par ceux
qui me connoiſſent. J'avouë que je ne
puis éviter que ma Foi ne devienne
ſuſpecte, s'il eſt permis à un inconnu de
me traiter d'heretique ſur des conſéquences qu'il lui plait de tirer de mes
principes : car il n'eſt pas poſſible que
l'Ouvrage de Mr. de la Ville n'ait trom-
pé perſonne. Si je ſuis maintenant
ſoupçonné d'hereſie, c'eſt un malheur
que je ne puis éviter. Mais ſi c'eſt un
crime, ce n'eſt pas moi qui l'ai commis ;
c'eſt plûtôt celui qui tire des conſe-
quen-

quences d'un principe qui ne les ren-
ferme point. Pour moi je defavoüe ces
conféquences : je les croi fauffes & heretiques : & fi je voyois clairement
qu'elles fuffent directement tirées de
quelqu'un de mes principes, je l'aban-
donnerois ; car ce principe feroit faux,
les véritez n'etant point contraires les
unes aux autres.

Je veux neanmoins que Mr. de la
Ville ait raifonné jufte, & que les conféquences heretiques foient parfaitement
bien tirées du principe. Mais ni moi, ni
beaucoup d'autres qu'il maltraite,
ne voyïons pas avant qu'il eût fait fon
Livre, que ces confequences fuffent
renfermées dans le principe. Ainfi fa
conduite eft infoutenable, de quel côté
qu'on l'éxamine. Car enfin, les articles
de la Foi ne dépendent pas de la pénétra-
tion & de l'étenduë de l'efprit d'un
Theologien particulier, ainfi que je
vas le faire voir : & quoi qu'on foit af-
feuré que certains principes renferment
des çonféquences impies, perfonne n'eft
en droit de traiter d'heretiques ceux
qui foutiennent ces principes.

J'avois vû dans les Peres, & principalement dans Saint Auguftin,* le prin-

A 4   cipe

cipe que j'ai avancé ; & je n'y avois
point remarqué celui de Mr. de la Ville.
Il me paroiſſoit que c'eſt une notion
commune, que ſi Dieu avoit anéanti
toute l'étenduë du Monde, toute la
matiére dont le Monde eſt compoſé,
ſeroit anéantie. J'avois conſulté ſur
cela pluſieurs perſonnes, pour ſçavoir
s'ils avoient la même idée que moi de la
matiére ; & leurs reponſes m'avoient
confirmé dans mon ſentiment. Je ju-
geois par des raiſons que je dirai bientôt, qu'on n'auroit plus de démonſtration directe & naturelle, que l'ame eſt
diſtinguée du corps, ni qu'elle eſt immortelle, ſi l'on abandonnoit ce principe. J'avois dit dans *la Recherche de la
Verité*, que je ne croyois pas qu'on pût
tirer de ce principe aucune conſéquence
contre la Foi : ce qu'avant moi l'on
avoit ſoutenu en Sorbonne dans des
Theſes publiques. Je m'étois même
avancé de dire, que s'il étoit à propos,
j'expliquerois comment on peut accorder ce ſentiment avec ce que les Peres
& les Conciles nous ont laiſſé, comme
de Foi, ſur le myſtére de la Tranſubſtan-
tiation. Enfin je deſavoüois toutes les
conſéquences heretiques, & même le
prin-

principe; s'il les renfermoit, ce que je ne croyois pas, & ce que je ne croi pas encore maintenant.

Que falloit-il faire davantage, pour ôter aux personnes mêmes les plus malicieuses, tous les sujets de rendre ma Foi suspecte? Pouvois-je m'imaginer, qu'un homme seroit assez hardi pour mettre St. Augustin & les autres Peres du côté des Calvinistes, en condamnant en la personne des Cartésiens & des Gassendistes, le sentiment de ce St. Docteur, comme contraire à la Transubstantiation? Non sans doute. Aussi Mr. de la Ville n'a osé le faire que d'une maniere indirecte. St. Augustin avance en cent endroits, comme incontestable, le principe dont il est question. Il ne s'attache même nulle part à le prouver, parce qu'il ne paroit pas que personne en doutât de son tems: car en effet, ce principe doit passer pour une notion commune à l'égard de tous ceux qui n'ont point l'esprit prévenu par de fausses études. De là ce St. Docteur conclut que l'ame est immortelle, qu'elle est plus noble que le corps, que c'est une substance distinguée de lui, & plusieurs autres véritez de la derniere consé-

Que l'essence de la matiere consiste dans l'étendüe.

A 5　　quen-

quence. Et Mr. de la Ville * ſous des
termes équivoques, avance qu'on ne
trouvera jamais ce principe dans St. Auguſtin. Il ne répond qu'à un ſeul endroit
des Ouvrages de ce Pere ; & pour l'ex-
pliquer, il fait raiſonner ce ſçavant
homme d'une maniére extravagante.
Enfin il oppoſe à la doctrine con-
ſtante de St. Auguſtin le ſeul Livre
des Catégories, comme s'il ne ſçavoit
pas que cet Ouvrage n'eſt point de ce
Pere, & qu'il appartient plûtôt à la
Logique qu'à la Phyſique.

Je ne veux point m'arrêter à prouver
ceci en détail : car je ne voi pas qu'il
ſoit fort néceſſaire de répondre au Livre
de Mr. de la Ville. Je prétens m'en tenir
inviolablement à la réſolution que j'ai
faite, & que j'ai declarée à la fin de la
Préface du ſecond Volume de la *Recherche de la Verité :* ſçavoir que je ne répon-
drois point à tous ceux qui m'attaque-
ront ſans m'entendre, ou dont les diſ-
cours me donneront quelque ſujet de
croire, qu'il y a quelque autre choſe que
l'amour de la vérité qui les fait parler.
Pour les autres, je tâcherai de les ſatis-
faire. Je ne veux point agiter les eſprits,
ni troubler mon repos par des Livres
con-

contentieux, par des Ouvrages abſo-
lument inutiles à Recherche de la verité, & qui ne ſervent qu'à rompre la
charité & à ſcandalizer le prochain. Et ſi
j'écris maintenant, c'eſt que je ne dois
pas ſouffrir qu'on rende ma Foi ſuſpecte, & que je veux faire clairement comprendre, qu'il n'eſt permis à perſonne
de me traiter d'heretique ſur les conſéquences qu'on peut tirer des principes
que j'ai établis.

Ce n'eſt pas que je croye, qu'on puiſſe
tirer directement aucune hereſie, ni
même aucune erreur du Livre de la
Recherche de la Verité. Je ſuis prêt à répondre avec charité & avec reſpect à
tous ceux qui voudront bien me faire
l'honneur de me critiquer ſans paſſion,
& je ſerai toûjours diſpoſé à ſuivre la
verité, auſſi-tôt qu'on me la fera connoître. Je deſavoüe tous les principes dont
on peut conclurre quelque fauſſeté.
Mais je prétens qu'on ne peut avec juſtice traiter d'heretiques, ceux qui
ſoutiennent même avec opiniâtreté des
principes, dont les Theologiens peuvent tirer des conſequences impies;
pourvû que ceux qui reçoivent ces
principes, deſavoüent les conſequences:

A 6

parce que si cela étoit vrai, on pourroit traiter d'heretique toute la terre.
Voici des preuves de ce que j'avance. Je
ne les tire pas de ce qu'il y a de moins
raisonnable dans les sentimens ordinaires des Philosophes, pour tâcher de les
rendre odieux ou ridicules : je veux
bien prendre pour le sujet de ce que je
prétens prouver, les sentimens les plus
universellement reçûs, & sur lesquels les
Peripatéticiens se croyent si forts, qu'ils
insultent sans cesse à leurs adversaires.

Premiere Preuve.

Les Péripatéticiens &'presque tous
les hommes croyent que les bêtes ont
des ames, & que ces ames sont plus nobles que les corps qu'elles animent.
C'est une opinion reçûë dans tous les
tems & de toutes les Nations, qu'un
chien souffre de la douleur lors qu'on
le frappe, qu'il est capable de tous les
mouvemens des passions, de crainte, de
désir, d'envie, de haine, de joye, de
tristesse , & même qu'il connoit &
qu'il aime son Maître. Cependant on
peut tirer de cette opinion des conséquences directement opposées à ce que
la Foi nous enseigne.

I. CON-

II. CONSEQUENCE
oppofée à la Foi.

Que Dieu eft injufte.

Les bêtes fouffrent de la douleur, & il y en a de plus malheureufes les unes que les autres. Or elles n'ont jamais péché: elles n'ont jamais fait mauvais ufage de leur liberté, car elles n'en ont point. Donc Dieu eft injufte, qui les punit, & qui les rend malheureufes,& inegalement malheureufes, quoi qu'elles foient également innocentes. Donc ce principe eft faux : *Que fous un Dieu jufte on ne peut être miferable fans l'avoir mérité :* principe néanmoins dont Saint Auguftin fe fert pour demonftrer le péche originel contre les Pélagiens.

De plus, il y a cette différence entre les hommes & les bêtes, que les hommes aprés leur mort peuvent recevoir un bonheur qui les paye des douleurs qu'ils ont endurées dans la vie : mais les bêtes perdent tout à la mort : elles ont été malheureufes & innocentes, & il n'y a point de récompenfe qui les attende. Ainfi, Dieu étant jufte, l'homme innocent peut fouffrir pour mériter: mais fi la bête fouffre, Dieu n'eft pas jufte. On

On dira peut-être, que Dieu peut faire à la bête tout ce qu'il lui plaira, pourvû qu'à l'égard de l'homme il observe les régles de la justice. Mais si l'Ange pensoit de même que Dieu ne peut le punir sans l'avoir mérité, & qu'à l'égard de l'homme il n'est point obligé de lui faire justice, approuverions-nous cette pensée ? Certainement Dieu rend justice à toutes ses créatures ; & si les plus viles sont capables d'être malheureuses, il faut qu'elles soient capables de devenir criminelles.

II. CONSEQUENCE
contraire à la Foi.

Que Dieu veut le desordre, & que la nature n'est point corrompue.

L'ame d'un chien est une substance plus noble que le corps qu'elle anime : car selon St. Augustin, * c'est une substance spirituelle plus noble que le plus noble des corps. Outre que la Raison démontre, que les corps ne peuvent ni connoître ni aimer, & que le plaisir, la douleur, la joye, la tristesse, & les autres passions ne peuvent être des modifications des corps. Or l'on croit que

* *De quantitate animæ, Ch. 31, 32, &c. Lib. 4. de anima & ejus origine, Ch. 13. & ailleurs.*

les

les chiens connoiſſent & aiment leurs maîtres, & qu'ils ſont ſuſceptibles des paſſions de crainte, de déſir, de joye, de triſteſſe & de pluſieurs autres. L'ame des chiens n'eſt donc point un corps, mais une ſubſtance plus noble que les corps. Or l'ame d'un chien eſt faite pour ſon corps : elle n'a point d'autre fin, ou d'autre félicité que la jouïſſance des corps. Donc Dieu fait le plus noble pour le moins noble. Donc Dieu veut le deſordre. Donc la nature de l'homme n'eſt point corrompuë, la concupiſcen-ce n'eſt point un deſordre, Dieu a pû faire l'homme pour joüir des corps, il a pû le ſoumettre aux mouvemens de la concupiſcence, &c.

On dira peut-être encore, que l'ame des bêtes eſt faite pour l'homme : mais il eſt difficile d'échapper par ce détour. Car que mon chien, ou mon cheval ait ou n'ait point d'ame, cela m'eſt fort indifférent. Ce n'eſt point l'ame de mon cheval qui me porte, ou qui me traîne, c'eſt ſon corps : ce n'eſt point l'ame d'un poulet qui me nourrit, c'eſt ſa chair. Or Dieu a pû, & par conſé-quent il a dû créer des chevaux, qui fiſſent ſans ame toutes les choſes dont

nous

nous avons befoin, s'il eft vrai qu'il les ait faits uniquement pour nôtre ufage. De plus, l'ame d'un cheval vaut mieux que le plus noble des corps. Dieu n'a donc pas dû la créer pour le corps de l'homme. Enfin Dieu n'a pas dû donner des ames aux mouches dont les hyrondelles fe nourriffent. Les hyrondelles font affez inutiles à l'homme; elles auroient pû fe nourrir de grain, comme les autres oifeaux.

Pourquoi donc faut-il qu'un nombre innombrable d'ames foient anéanties pour conferver le corps de ces oifeaux, puis que l'ame d'une mouche vaut mieux que le corps du plus parfait des animaux? Donc, fi l'on affure que les bêtes ont des ames, c'eft-à dire des fubftances plus nobles que les corps, on ôte à Dieu fa fageffe, on le fait agir fans ordre, on détruit le péché originel, & par conféquent on renverfe la Religion, en ôtant la néceffité d'un Mediateur.

III.

III. CONSEQUENCE
contraire à la Foi.

L'ame de l'homme est mortelle, ou du moins les ames des bêtes passent d'un corps dans un autre.

L'ame d'une bête est une substance distinguée de son corps. Or elle s'anéantit. Donc les substances peuvent naturellement s'anéantir. Donc, quoi que l'ame de l'homme soit une substance distinguée de son corps, elle peut s'anéantir, lors que le corps est détruit. Ainsi on ne peut plus demontrer par la Raison, que l'ame de l'homme est immortelle. Mais si l'on veut, ce qui est tres-certain, que nulle substance ne puisse naturellement être réduite à rien, l'ame des bêtes subsistera aprés la mort: & puis qu'elles n'ont point de recompense à esperer, & qu'elles sont faites pour les corps, il faudra du moins qu'elles passent de l'un dans l'autre, afin qu'elles ne demeurent pas inutiles dans la Nature : c'est la conséquence qui paroit la plus raisonnable.

Or il est de Foi, que Dieu est juste & sage, qu'il n'aime point le desordre, que la nature est corrompuë, que l'ame de l'homme est immortelle, & que

celle

celle des bêtes eſt mortelle: parce qu'en effet ce n'eſt point une ſubſtance diſtinguée de leur corps, ni par conſéquent capable de connoiſſance & d'amour, ni d'aucunes paſſions ou ſentimens ſemblables aux nôtres. Donc ſelon le ſtile de Mr. de la Ville, qui condamne les gens ſur des conſéquences qu'il tire de leurs principes, il ſeroit permis aux Cartéſiens de lui faire un crime, & à tout le genre humain, de ce qu'ils croyent que les bêtes ont des ames.

Que diroit Mr. de la Ville, ſi, prenant ſes manieres, on l'accuſoit d'impieté, de ce qu'il a des ſentimens dont on peut conclurre, que Dieu n'eſt pas juſte, ſage, puiſſant : ſentimens qui renverſent la Religion, qui ſont oppoſez au peché originel, qui ôtent la principale démonſtration que la Raiſon fournit pour l'immortalité de l'ame ? Que diroit-il, ſi on le traitoit d'injuſte & de cruel, de ce qu'il fait ſouffrir des ames innocentes, & même de ce qu'il les anéantit, pour ſe nourrir des corps qu'elles animoient? Il eſt pécheur, elles ſont innocentes. Ce n'eſt que pour nourrir ſon corps, qu'il tuë des animaux, & qu'il anéantit des ames qui
val-

vallent mieux que son corps. Encore si
son corps ne pouvoit subsister que par
la chair des animaux, ou si l'anéantis-
sement d'une ame le rendoit pour toûjours immortel , cette cruauté, toute
injuste qu'elle est, seroit peut-être par-
donnable. Mais combien anéantit-il
de substances entierement innocentes,
pour conserver seulement pendant
quelques jours un corps justement con-
damné à la mort à cause du peché ?

Seroit-il assez peu Philosophe, pour
s'excuser sur la coutume des lieux où il
vit ? Mais si son zéle l'avoit transporté
dans les Indes, où les habitans fondent
des hopitaux pour les bêtes, * & où
les Philosophes & les plus gens de bien   * *Linsch.*
font si charitables à l'égard des mouche-   *Ch.* 37.
rons mêmes, que de crainte d'en faire
mourir en respirant & en marchant, ils
portent devant leur bouche quelque
toile deliée, & soufflent avec un évan-
tail les chemins par où ils passent?
Craindroit-il alors de faire souffrir des
ames innocentes, ou de les anéantir,
pour conserver le corps d'un pécheur ?
N'aimeroit-il pas mieux entrer dans le
sentiment de ceux qui ne donnent point
à la béte d'ame plus noble que son

corps,

corps, ni diſtinguée de lui , & en pu-
bliant ce ſentiment, ſe diſculper des cri-
mes de cruauté & d'injuſtice , dont ces
Peuples l'accuſeroient , ſi ayant les mêmes principes, il ne ſuivoit pas leur coutume.

Cet exemple pourroit ſuffire, pour
faire comprendre qu'il n'eſt pas permis
de traiter des perſonnes comme heretiques & ſuſpectes , à cauſe des conſéquences impies qu'on peut tirer de
leurs principes, lors qu'ils deſavoüent
ces conſéquences. Car quoi qu'il ſoit,
ce me ſemble , infiniment plus difficile
de répondre aux conſéquences que je
viens de tirer, qu'à celles de Mr. de la
Ville, les Carteſiens ſeroient fort ridi-
eules, s'ils traitoient d'impies & d'heretiques Mr. de la Ville & les autres
hommes qui ne ſont pas de leur ſentiment. Il n'y a que l'autorité de l'Egliſe
qui puiſſe decider ſur la Foi ; & l'Egliſe
n'a point obligé , & apparemment,
quelque conſéquence qu'on puiſſe tirer
des principes communs , elle n'oblige-
ra jamais à croire, que les chiens n'ont
point d'ame plus noble que leur corps,
qu'ils ne connoiſſent point leurs Maîtres, qu'ils ne craignent, ne déſirent
& ne

& ne fouffrent rien, parce qu'il n'eft point néceffaire que les Chrêtiens foient inftruits de ces veritez.

Seconde Preuve.

Prefque tous les hommes font per-fuadez, que les objets fenfibles font les véritables caufes du plaifir & de la douleur que l'on fent à leur occafion. Ils croyent que le feu répand cette cha-leur agréable qui nous réjoüit, & que les alimens agiffent en nous, & nous donnent les fentimens agréables des faveurs. Ils ne doutent point que c'eft le foleil qui fait croître les fruits nécef-faires à la vie, & que tous les objets fen-fibles ont une vertu qui leur eft propre, par laquelle ils peuvent nous faire beaucoup de bien & de mal. Voyons fi de ces principes on ne peut point tirer des conféquences contraires à ce que la Religion nous oblige à croire.

Conféquence oppofée au premier principe de la Morale, par lequel nous fommes obligez à aimer Dieu de toutes nos for-ces, & à ne craindre que lui.

C'eft une notion commune, felon la-quelle tous les hommes fe condui-
fent,

ſent, qu'on doit aimer ou craindre ce qui a la puiſſance de nous faire du bien ou du mal, de nous faire ſentir du plaiſir ou de la douleur, de nous rendre heureux ou malheureux; & qu'on doit aimer ou craindre cette cauſe, à proportion du pouvoir qu'elle a d'agir en nous. Or le feu, le ſoleil, les objets de nos ſens peuvent veritablement agir en nous, & nous rendre en quelque maniere heureux ou malheureux: c'eſt le principe ſuppoſé. Nous pouvons donc les aimer & les craindre. Voilà un raiſonnement que tout le monde fait naturellement, & qui eſt le principe general de la corruption des mœurs.

Il eſt évident par la Raiſon & par le premier des commandemens de Dieu, que tous les mouvemens de nôtre ame, d'amour ou de crainte, de déſir ou de joye, doivent tendre vers Dieu; & que tous les mouvemens de nôtre corps peuvent être réglez & déterminés par les objets qui nous environnent. Nous pouvons par le mouvement de nôtre corps nous approcher d'un fruit, éviter un coup, fuir une bête qui veut nous devorer. Mais nous ne devons aimer & craindre que Dieu: tous les mouve-

mens

mens de nôtre ame doivent tendre vers lui seul : nous devons l'aimer de toutes nos forces, c'est une loi indispensable. Nous ne pouvons ni aimer, ni craindre ce qui est au dessous de nous, sans nous deregler & sans nous corrompre. Craindre librement une bête prête à nous devorer, craindre le Demon, c'est leur rendre quelque honneur. Aimer un fruit, desirer des richesses, se réjouïr à la lumiere du soleil, comme s'il en étoit la véritable cause, aimer son pere même, son protecteur, son ami, comme s'ils étoient capables de nous faire du bien ; c'est leur rendre un honneur qui n'est dû qu'à Dieu. Il n'est permis d'aimer personne en ce sens. Il est permis, & il y a obligation d'aimer son prochain, en lui souhaitant, & en lui procurant, comme cause naturelle ou occasionnelle, tout ce qui peut le rendre heureux, & non autrement. Car on doit aimer ses freres, non comme capables de nous faire du bien, mais comme capables de joüir avec nous du vrai bien. Ces véritez me paroissent évidentes : mais on les obscurcit étrangement, lors qu'on suppose que les corps qui nous environnent, peu-

vent

vent agir en nous comme caufes véritables.

Il eft vrai que la plû-part des Philofophes Chrétiens prétendent, que les
créatures ne peuvent rien faire, fi Dieu
ne concourt à leur action; & qu'ainfi,
les objets fenfibles ne pouvant agir en
nous fans l'efficace de la premiere caufe,
nous ne devons ni les craindre, ni les aimer, mais Dieu feul de qui tout dé-
pend.

Cette explication fait voir, qu'ils
condamnent les conféquences que je
viens de tirer du principe qu'ils reçoivent. Mais fi, pour imiter la conduite
de M. de la Ville, je difois, que c'eft
une défaite de Philofophes qui veulent
couvrir leur impiété: fi je leur faifois
un crime, de foutenir aux dépens de la
Religion les fentimens d'Ariftote & les
prejugez des fens: fi, pénétrant même
dans le fond de leur cœur, je leur attri-
buois un défir fecret de vouloir corrompre les mœurs, en deffendant un
principe qui fert à juftifier toutes for-
tes de déréglemens, & qui par les conféquences que je viens de tirer, eft op-
pofé au premier principe de la Morale
Chrétienne: ferois-je fort raifonnable,

de

de vouloir ainsi condamner presque tous les hommes comme impies, à cause des conséquences que je tirerois de leurs principes?

Mr. de la Ville prétendra sans doute, que mes conséquences sont mal-tirées: mais je prétens la même chose des siennes. Pour ruiner toutes ses conséquences, il n'y a qu'à éclaircir quelques équivoques: ce que je ferai quelque jour, s'il est nécessaire. Maïs comment Mr. de la Ville justifiera-t-il l'opinion commune de l'efficace des causes secondes : * & par quelle espece de concours rendra-t-il à Dieu tout ce qui lui est dû? Fera-t-il voir clairement, qu'une même action est toute de Dieu & toute de la créature ? Démontrera-t-il que la puissance de la créature n'est pas inutile, quoi que sans son efficace l'action seule de Dieu produiroit le même effet ? Prouvera-t-il que les esprits ne doivent ni aimer ni craindre les corps, quoi que les corps ayent un pouvoir véritable d'agir sur les esprits : & convaincra-t-il sur cela tant de gens, dont l'esprit & le cœur sont tout occupez des objets sensibles, parce qu'ils jugent confusément, que ces objets sont capables de

** Voyez l'Eclaircissement touchant les causes secondes, dans le 3. Vol. de la Recherche de la Verité.*

les

les rendre plus heureux ou plus malheureux? Qu'il demeure donc d'accord, que s'il étoit permis de traiter
d'impies & d'heretiques tous ceux qui
ſoutiennent des principes dont on
peut tirer des conſequences impies &
heretiques, il n'y a point d'homme dont
on ne puiſſe rendre la Foi ſuſpecte.

Troiſiéme Preuve.

*Conſequence du principe que Mr. de la
Ville propoſe comme verité de Foi:
ſçavoir que l'eſſence de la matiére
ou du corps en general, ne conſiſte point
dans l'étenduë. Ce principe négatif
renverſe la ſeule preuve demonſtrative
& directe que nous ayons, que l'ame
eſt une ſubſtance diſtinguée du corps,
& par conſequent immortelle.*

Lors qu'on reçoit cette vérité, que je
prétens avoir démontrée aprés pluſieurs autres, & que Mr. de la Ville at-
taque néanmoins comme un principe
contraire aux déciſions de l'Egliſe:
ſçavoir, *que l'eſſence de la matiére conſiſte
dans l'étenduë en longueur, largeur & pro-
fon-*

fondeur ; il n'eſt pas difficile de comprendre que l'ame, ou ce qui eſt capable de penſer, eſt une ſubſtance diftinguée du corps. Car il eſt viſible
que de l'étenduë, de quelque maniére
qu'on la conçoive taillée & remuée,
ne peut jamais ni raiſonner, ni vouloir,
ni même ſentir. Ainſi, ce qui eſt en
nous qui penſe, eſt néceſſairement une
ſubſtance diſtinguée de nôtre corps.

Les connoiſſances, les volontez,
les ſentimens actuels ſont actuellement
des maniéres d'être de quelque ſubſtance. Or toutes les diviſions qui arri-
vent à l'étenduë, ne produiſent en elle
que des figures, & tous ſes divers
mouvemens que des rapports de diſtance : l'étenduë n'eſt point capable
d'autres modifications. Donc nôtre
penſée, nôtre déſir, nos ſentimens de
plaiſir & de douleur ſont des maniéres
d'être d'une ſubſtance qui n'eſt point
corps. Donc l'ame eſt diſtinguée du
corps : & cela poſé, on démontre en
cette ſorte qu'elle eſt immortelle.

Jamais aucune ſubſtance ne s'ane-
antit par les forces ordinaires de la Nature. Car comme la Nature ne peut
faire quelque choſe de rien, elle ne peut

auſſi reduire quelque choſe à rien. Les
maniéres des etres peuvent s'anéantir:
la rondeur d'un corps peut ſe détruire,
car ce qui eſt rond peut devenir quarré.
Mais cette rondeur n'eſt point un être,
une choſe, une ſubſtance : ce n'eſt
qu'un rapport d'égalité dans la diſtance
qui eſt entre les parties qui terminent ce
corps, & celle qui en eſt le centre.
Ainſi ce rapport changeant, la rondeur
n'eſt plus : mais la ſubſtance ne peut
être reduite à rien. Or, par les raiſons
que je viens de dire, l'ame n'eſt point
une maniére d'être du corps. Donc
elle eſt immortelle : & quoi que le
corps ſe diſſolve en mille parties de dif-
ferente nature, & que la conſtruction
des organes ſe rompe, l'ame ne conſi-
ſtant point dans cette conſtruction, ni
dans aucune autre modification de la
matiére; il eſt évident que la diſſolu-
tion, & même l'anéantiſſement de la
ſubſtance du corps humain, ſi cet
anéantiſſement étoit véritable, ne peut
point anéantir la ſubſtance de nôtre
ame. Voici encore une autre preuve de
l'immortalité de l'ame, fondée ſur le
même principe.

Quoi que le corps ne puiſſe être reduit
à rien,

à rien, à cause que c'est une substance;
il peut néanmoins mourir, & toutes ses
parties peuvent se dissoudre, parce que
l'étenduë se peut diviser. Or l'ame
étant une substance distinguée de l'é-
tendüe, elle ne peut être divisée : car
on ne peut diviser une pensée, un désir,
un sentiment de douleur ou de plaisir,
comme l'on peut diviser un quarré en
deux, ou en quatre triangles. Donc la
substance de l'ame est indissoluble, in-
corruptible, & par conséquent immortelle, parce qu'elle est sans étenduë.

Mais si Mr. de la Ville suppose, que
l'essence du corps consiste dans quelque autre chose que dans l'étenduë,
comment convaincra-t-il les Libertins,
qu'elle n'est ni matérielle, ni mortelle ?
Ils lui soutiendront que ce quelque
chose en quoi consiste l'essence du
corps, est capable de penser, & que la
substance qui pense, est la même que
celle qui est étenduë. Si Mr. de la Ville
le nie, ils lui feront voir que c'est sans
raison, puis que selon son principe, le
corps étant autre chose que de l'étenduë, il n'a point d'idée distincte de ce
que ce peut être ; & qu'ainsi il ne peut
point sçavoir, si cette chose inconnuë

B 3

n'est

n'est point capable de penser. Prétend-
il les convaincre, en soûtenant, comme
il fait dans son Livre, que l'essence du
corps est d'avoir des parties sans étenduë? Certainement ils ne le croiront
pas sur sa parole. Car trouvant autant
de difficulté à concevoir des parties sans
étenduë, que des atomes divisibles, &
des cercles sans deux demi-cercles, il
faudroit qu'ils eussent plus de déféren-
ce pour lui, qu'il n'en a lui-même pour
la Parole de Dieu. Car Mr. de la Ville
dans la derniére partie de son Ouvrage,
prétend que Dieu méme ne peut obli-
ger à croire des choses qui se contre-
disent, telles que sont des parties d'un
corps sans aucune étenduë actuelle.

Mais les Libertins de leur côté ne
manqueront pas de raisons vrai-sembla-
bles pour confondre l'ame avec le
corps. L'expérience, diront-ils, nous
apprend que le corps est capable de sen-
tir, de penser, de raisonner. C'est le
corps qui sent le plaisir & la douleur.
C'est le cerveau qui pense & qui rai-
sonne. La pesanteur du corps appesan-
tit l'esprit. La folie est une maladie véritable: & ceux qui ont le plus de sa-
gesse, la perdent, lors que cette partie

du

du cerveau dans laquelle elle réside, manque de santé. Les essences des êtres nous étant inconnuës, nous ne pouvons découvrir par la Raison de quoi ils sont capables. Ainsi la Raison veut que l'on consulte l'expérience, & l'expérience confond l'ame avec le corps, & nous apprend qu'il est capable de penser. Voilà leurs raisons.

En verité, ceux qui assurent que nous ne connoissons point les essences des êtres, & qui font un crime aux Philosophes, de ce qu'ils démontrent que l'étenduë n'est point une maniére d'être, mais l'essence même de la matiére, devroient penser aux fâcheuses conséquences qu'on peut tirer de leurs principes, & ne pas renverser la seule démonstration qu'on a de la distinction qui est entre l'ame & le corps. Car enfin, la distinction de ces deux parties de nous-mêmes, prouvée par des idées claires, est de toutes les véritez la plus féconde & la plus nécessaire pour la Philosophie, & peut-être même pour la Theologie & pour la Morale Chrê-tienne. Mais cette distinction est aussi démontrée exactement dans plusieurs endroits de la * *Recherche de la Verité.*

* *Liv.* 4. *chap.* 2. *liv.* 6. *part.* 2. *chap.* 7. *liv.* 3. *part.* 2. *ch.* 8.

B 4 Et

Et je soutiens à Mr. de la Ville, non-obstant sa réponse pleine d'équivoques, de figures & de contradictions : ou plûtôt je soutiens aux Libertins ; car pour lui, je croi qu'il est si ferme dans sa Foi, qu'il n'a pas besoin de semblables preuves : je soutiens, dis-je, aux Libertins, qu'ils ne trouveront jamais de paralogisme dans ma démonstration, qu'il est impossible de la concevoir clairement & distinctement sans s'y rendre, & que toutes les preuves qu'ils avancent pour confondre l'ame avec le corps, sont des preuves de sentiment ; preuves confuses & obscures, & qui ne persuaderont jamais ceux qui ne jugent des choses, que sur des idées claires & distinctes.

De ce principe, que l'essence du corps ne consiste pas dans l'étenduë, & que les essences des choses nous sont inconnuës, je pourrois tirer encore bien des conséquences opposées à la Foi : mais cela n'est pas nécessaire. Je voudrois plûtôt, s'il étoit possible, accorder toutes les Philosophies fausses & vrayes avec la Religion. Et quelque impies & heretiques que soient les conséquences que je puis tirer des sentimens

des

des Philofophes, je croirois manquer à la charité que je leur dois, fi je tâchois de rendre leur Foi fufpecte. Bien loin d'imiter la conduite de Mr. de la Ville, qui laiffant dans toute fa force un principe démontré, & reçû de tous les fiecles, fait tous fes efforts pour en tirer les conféquences des heretiques ; ce qui ne fert qu'à fortifier les Calviniftes, à en augmenter le nombre, & à troubler la Foi des Fideles : je voudrois au contraire, que perfonne ne penfât à ces conféquences, ou qu'ils les defavoüaffent comme fauffes & mal-tirées du principe.

Toutes les véritez tiennent les unes aux autres, On ne peut foûtenir de faux principe, dont, ceux qui fçavent un peu l'art de raifonner, ne puiffent tirer une infinité de conféquences contraires à la Religion. De forte que s'il étoit permis de rendre fufpecte la Foi des autres hommes, par des conféquences tirées des principes, dont ils font perfuadez ; comme il n'y a point d'homme qui ne fe trompe en quelque chofe, il n'y en a point auffi que l'on ne pût traiter d'heretique. Ainfi c'eft ouvrir la porte à une infinité de querelles, de

 fchif-

ſchiſmes , de troubles méme & de
guerres civiles, que de laiſſer aux hommes la liberté de dogmatiſer & de rendre ſuſpecte la Foi de ceux qui ne ſont
pas de leur ſentiment. Tout le monde
a interêt de traiter comme calomnia-
teurs & perturbateurs du repos public,
ceux qui tiennent cette conduite. Car
enfin , les différens partis de Religion
qui ſe forment preſque toûjours ſur de
ſemblables conſéquences , produiſent
dans un Etat d'étranges événemens : les
Hiſtoires en ſont toutes remplies. Mais
la liberté de philoſopher ou de raiſonner ſur les notions communes , ne doit
point être ôtée aux hommes : c'eſt un
droit qui leur eſt naturel,comme celui
de reſpirer. Les Theologiens doivent
diſtinguer la Theologie d'avec la Phi-
loſophie,les articles de nôtre Foi d'avec
les opinions des hommes , les véritez
que Dieu apprend à tous les Chrêtiens
par une autorité viſible , de celles qu'il
n'apprend qu'à quelques perſonnes en
récompenſe de leur attention & de leur
travail. Ils ne doivent point confondre
des choſes qui dépendent de principes ſi
differens. Il faut ſans doute faire ſervir
à la Religion les ſciences humaines:
                    mais

mais ce doit être dans un esprit de paix & de charité, sans se condamner les uns les autres, tant que l'on convient des veritez que l'Eglise a décidées : car c'est ainsi que la vérité s'éclaircira, & qu'ajoutant de nouvelles découvertes à celles des Anciens, toutes les sciences se perfectionneront de plus en plus.

Mais l'imagination de la plû-part des hommes ne s'accommode pas des nouvelles découvertes. La nouveauté des sentimens mêmes les plus avantageux à la Religion les effraye ; & ils se familiarisent facilement avec les principes les plus faux & les plus obscurs, pourvû que quelque Ancien les ait avancez. Mais lors qu'ils se sont familiarisez avec ces principes, ils les trouvent évidens, quoi qu'ils soient obscurs : ils les regardent comme tres-utiles, quoi qu'ils soient tres-dangereux : & ils s'accoutument si bien à dire & à écouter ce qu'ils ne conçoivent point, à se deffaire d'une difficulté réelle par une distinction imaginaire, qu'ils demeurent toûjours tres-satisfaits de leurs fausses idées, & qu'ils ne peuvent mesme souffrir qu'on leur parle un langage

 clair

clair & diftinct : femblables à des perfonnes qui fortent d'un lieu obfcur, ils
apprehendent la lumiére, ils ne peuvent la fupporter, ils s'imaginent qu'on
les aveugle, lors qu'on tâche de diffiper
les ténébres qui les environnent.

Ainfi, quoi que j'aye fait voir par plufieurs conféquences, qu'il eft dangereux,
par exemple, de foûtenir, que les bêtes
ont une ame plus noble que le corps;
cependant, comme cette opinion eft
ancienne, & que la plû-part des hommes
font accoutumez à la croire, & que
celle qui lui eft contraire, a le caractere
de la nouveauté; ceux qui jugent de la
dureté des opinions plûtôt par la
frayeur qu'elles produifent dans l'imagination, que par l'évidence & la lumiére qu'elles répandent dans l'efprit,
ne manqueront pas de regarder l'opinion des Cartéfiens comme dangereufe, & ils condamneront plûtôt ces
Philofophes comme des téméraires,
que ceux mêmes qui foûtiennent que
les bêtes font capables de raifonner.

Qu'un homme en compagnie dife
avec gravité, ou plûtôt avec l'air que
répand fur le vifage l'imagination, lors
qu'elle eft effrayée par quelque chofe
d'ex-

d'extraordinaire: *En vérité, les Cartéfiens font d'étranges gens : ils foutiennen que les bêtes n'ont point d'ame.* J'apprehende fort, que bientôt ils n'en difent autant de l'homme. Cela feul fuffira pour perfuader plufieurs perfonnes que cette opinion eft dangereufe. Il n'y a point de raifons qui puiffent empecher l'effet de ce dif-cours fur les imaginations foibles : & s'il ne fe trouve quelque efprit vif qui en faffe voir le ridicule, & qui par un air enjoüé raffure la compagnie de la peur qu'on leur aura faite ; les Carté-fiens ont beau fe tourmenter, ils n'effa-ceront jamais par leurs raifonnemens l'impreffion qu'on aura donnée de leurs perfonnes.

Cependant il n'y auroit qu'à mettre la définition à la place du defini, pour faire voir l'extravagance de ce difcours. Car fi un homme difoit férieufement : *Les Cartefiens font d'étranges gens : ils affu-rent que les bêtes ne penfent , ni ne fentent point.* J'apprehende fort, que bientôt ils n'en difent autant de nous : certainement on jugeroit que l'apprehenfion de cet homme feroit fort mal-fondée. Mais la plû-part des hommes ne font pas capa-bles de démêler les moindres équivoques , principalement lors que leur imagination eſt effrayée par l'idée de quelque nouveauté qu'on repréſente comme dangereuſe. Outre que l'air & les maniéres nous perſuadent ſans peine, & même avec plaiſir : mais la verité ne ſe découvre point ſans quelque application de l'eſprit, dont la plû-part du monde n'eſt pas capable.

Certainement les perſonnes éclairées , & dont le commun des hommes ſuit aveuglément les opinions, ne devroient pas facilement ſe laiſſer aller à condamner leurs freres, du moins avant que d'avoir examiné leurs ſentimens avec une attention ſérieuſe. Ils ne devroient pas inſpirer à ceux qui les écoutent avec reſpect, des ſentimens deſavantageux au prochain : cela eſt contre toutes les régles de la charité & de la juſtice.

Mais les Cartéſiens, dit-on, reçoivent des principes dont les conſéquences ſont fâcheuſes. Je le veux, puis qu'on le ſouhaitte ſi fort. Mais ils deſavoüent ces conſéquences. Ils ſont peut-être ſi groſſiers & ſi ſtupides, qu'ils ne voyent pas qu'elles ſont renfermées dans leurs principes. Ils s'imaginent

pou-

pouvoir les en feparer, & ne penfent
pas devoir croire fur leur parole les autres Philofophes. Ils ne rompent point
la charité avec ceux qui tiennent des
principes, dont ils croyent pouvoir tirer une infinité de conféquences impies, & auffi contraires à la Religion
qu'au bon fens. Car enfin, on peut bien
juger par les conféquences dangereufes
que je viens de tirer des principes mêmes fur lefquels les Péripatéticiens prétendent triompher de leurs adverfaires,
combien j'en pourrois tirer d'autres, &
même de plus fâcheufes, fi je me don-
nois la liberté de choifir dans le corps de
leur Philofophie ce qu'il y a de moins
raifonnable. Mais, quelque avantage
qu'il y ait dans les difputes des Theologiens, auffi bien que dans les combats
des gens de guerre, à attaquer toûjours;
j'aimerois mieux me deffendre, même
foiblement, que de vaincre & de triom-
pher en attaquant. Car enfin, je ne com-
prens pas, comment de ceux qui fe fou-
mettent à toutes les décifions de l'Egli-
fe, on fe plait à en faire des héretiques
& des impies fur des conféquences
qu'ils defavoüent. La victoire, ce me
femble, eft bien funefte, lors qu'on

n'a versé que le sang de ceux de sa Nation.

Je ne croi pas néanmoins avoir avancé dans la Recherche de la Verité, aucun principe de Philofophie, dont les conféquences foient dangereufes. Au contraire, fi j'ai quitté Mr. Defcartes en quelques endroits, & Ariftote prefque par tout; c'eft que je ne pouvois accorder celui-là avec la verité, & celui-ci ni avec la verité, ni avec la Religion: je laiffe cela à ceux qui ont plus d'efprit & d'invention que moi. J'ai dit que l'effence de la matiére confiftoit dans l'étenduë, parce que je le croyois évident, que je l'ai démontré, & que par là j'ai donné des preuves claires & inconteftables, que l'ame eft immortelle & diftinguée du corps: vérité effentielle à la Religion, & que le dernier Concile de Latran * oblige les Philofophes à prouver. Mais je n'ai jamais crû, que ce principe fi fécond en véritez avantageufes à la Religion, fût contraire au Concile de Trente. Mr. de la Ville ne devroit pas l'affurer: cela ne peut que faire du mal. C'eft la conduite que tiennent les Religionnaires de Hollande, (1) Vitichius, (2) Poiret & plufieurs autres.

** Seff. 8.*

(1) Th. Pac. *ch.* 4.
(2) *Liv.* 3. *ch.* 13. Cog. Nat.

tres. Je ne dis point cela pour rendre sa Foi suspecte. Mais je crains fort, que sa conduite ne leur donne lieu d'assurer, qu'en France on demeure d'accord, que pour être Catholique, il faut croire que les parties d'un corps peuvent être sans aucune étenduë actuelle, parcequ'un Livre dédié aux Evêques, publié dans les formes avec approbation & privilége, traite d'heretiques les Cartésiens sur ce point. Je crains qu'il n'ébranle par ses vrai semblances la Foi deplusieurs personnes, qui ne sçavent point précisément ce qui est nécessaire pour faire un article de Foi. Mais j'apprehende encore plus, qu'en France les Libertins ne se fortifient dans les sentimens où ils sont, que l'ame est corporelle, & par conséquent sujette à la mort : que la substance qui pense, est la même que celle qui est étenduë; à cause que selon eux & Mr. de la Ville, l'étenduë n'étant que la maniere d'un être, l'essence duquel nous est inconnuë, on n'a point de preuve par la Raison, que cet être ne soit point capable de penser, & que l'on a du contraire des preuves de sentiment; preuves, quelque fausses qu'elles soient, tres-convaincantes, &

même

même démonſtratives à l'égard de toutes les perſonnes qui ne ſe veulent point donner la peine de raiſonner.

C'eſt pour cela que je croi devoir aſ-ſurer avec toute la confiance que donne la vûë de la verité, que j'ai démontré que l'étenduë n'eſt point une maniére d'être, * mais un être, une choſe, une ſubſtance, en un mot, matiére ou corps: & que l'on trouvera dans la *Recherche de la Verité* pluſieurs réponſes aux preuves de ſentiment, par leſquelles les Liber-tins confondent les deux ſubſtances dont l'homme eſt compoſé. Je ſoutiens de plus, que Mr. de la Ville n'a point fait voir, que ce ſentiment de l'eſſence de la matiére fût contraire à la Tranſubſtan-tiation: qu'il ne s'eſt objeＣté que des ré-ponſes faciles à réſoudre, afin de triom-pher plus facilement de ſes adverſaires: qu'il n'a point combattu les miennes, qu'apparemment il ne les a pas ſçuës, & que de l'humeur où je voi qu'il eſt, je ne me croi nullement obligé de les lui dire: enfin qu'il a ajouté au Concile de Trente pluſieurs articles de Foi, ou pluſieurs explications, qu'au-cun particulier n'a droit de donner, aprés les deffenſes expreſſes contenües

dans

* 3. *Liv.* de la Re-cherche, *part.* 2. *ch.* 8.

 dans la Bulle qui confirme le même
 Concile. *

Pour ce qui me regarde en particulier,
je prie les Lecteurs de ne point croire
Mr. de la Ville sur sa parole, mais d'examiner avec quelque défiance les faits
mêmes qu'il assure avec le plus de confiance. Il se pique de sincerité & d'ho-
néteté; & je n'ai garde de lui contester
des qualitez, sans lesquelles on ne peut
être qu'un mal-honnête homme: mais je
ne puis m'empêcher de dire ici pour la
deffense de la verité & pour ma justifi-
cation, qu'il s'est souvent oublié lui-
même dans son Livre. En voici une
preuve suffisante.

A la teste de son Ouvrage il a mis un
Avertissement qui a quelque air de sincerité. Car cet Avertissement n'est com-
posé que pour me faire *une espece de réparation:* ce sont ses termes. Il dit qu'il lui
est tombé entre les mains un Exem-
plaire de la *Recherche de la Verité*, de l'E-
dition de Strasbourg de l'année 1677.
qui l'oblige à avertir son cher Lecteur,
que j'ai retracté dans cette Edition une
erreur que j'avois avancée dans la premiere: *mais qu'il est si vrai, que je suis
ou peu sçavant en Theologie, ou fort téméraire,*

* *Il est deffendu par cette Bulle sous peine d'excommunication, de donner aucune explication des Decrets du Concile.* Ullum omnino interpretationis genus super ipsius Concilii Decretis quocunque modo edere, &c. *Ce pouvoir est réservé au Pape.*

raire, *que je n'ai pû me dédire de cette erreur, sans en avancer deux autres.* Tout son Avertissement n'est que pour me faire cette *réparation* charitable.

Cependant il est faux I. Que je me sois rétracté de la pretenduë erreur sur le péche originel. La même proposition se trouve en mêmes termes dans l'Edition * qu'il cite, & dans toutes celles qui se font faites à Paris.

II. Cette proposition est un sentiment qui ne m'est pas seulement particulier : on l'enseigne d'ordinaire dans les Ecoles. Mais quand on ne l'enseigneroit pas presentement, il est sûr que ce n'est point une erreur, & encore moins une erreur *tres-pernicieuse*, comme il la qualifie ailleurs. *

III. Les deux erreurs qu'il suppose que j'ai mises à la place de l'erreur pretenduë, sont deux choses que je n'ai point dites, & qu'il m'impose. Il suffit de lire le lieu dont il est question, pour reconnoitre la verité de ce que je dis. Ainsi je ne m'arreterai pas à le prouver. Outre qu'un inconnu l'a déja fait suffisamment. Je voudrois seulement, que cet inconnu eust rapporté les raisons que j'ai euës de dire, qu'il se pouvoit faire

qu'un

* *Dans l'Edition de Strasbourg, p. 190. dans la 1. Edit. de Paris, p. 172. dans la 2. p. 150. dans la 3. p. 187. dans la 4. p. 95.*
* *Pag. 90.*

qu'un enfant dans le tems du baptême
fût juſtifié par un amour actuel, leſquelles j'ai données dans l'Eclairciſſement
ſur le péché originel.

Qu'on juge donc, aprés avoir examiné l'avertiſſement honnête de Mr. de
la Ville, ſi je n'ai pas ſujet de deman-
der aux Lecteurs équitables, qu'ils ne
le croyent pas ſur ſa parole. |Car ſi on
l'en veut bien croire, c'eſt l'homme du
monde le plus ſincére & le plus honnête. Mais on ne voit pas trop de marques
de ſincérité & d'honnêteté, quand on
l'examine avec ſoin. A la fin de ſon A-
vertiſſement, il proteſte qu'il a fait tout
ce qu'il a pû pour garder toute la mo-
dération qu'il devoit, qu'il n'en veut
qu'aux erreurs de ſes adverſaires, &
qu'il a pour leurs perſonnes beaucoup
d'eſtime & de reſpect : & l'on ne
peut examiner ce même Avertiſſement, ſans y reconnoitre du moins
les apparences d'une mauvaiſe foi &
d'une malignité qui ſurprend &
qui irrite les eſprits. Je prie Dieu
qu'il lui pardonne ſes emportemens,
qu'il régle ſon zele, & qu'il lui inſpire
pour ſes fréres un eſprit de douceur, de
charité & de paix. Je ne ſçai pas s'il a

trouvé

trouvé du plaisir à m'outrager comme il a fait : mais je veux bien l'assurer que j'ai beaucoup de douleur & de peine, que la nécessité de défendre la vérité m'ait obligé à donner quelque défiance de sa bonne foi ; & que j'aurois au contraire bien de la joye, s'il pouvoit sçavoir combien je l'honore, je le crains & je l'aime sincérement en celui en qui nous sommes tous freres : *Noverit quàm eum non contemnam, & quantum in illo Deum timeam, & cogitem caput nostrum in cujus corpore fratres sumus.* Aug. ad Fortunianum, Epist. 111.

F I N.

www.ingramcontent.com/pod-product-compliance
Ingram Content Group UK Ltd.
Pitfield, Milton Keynes, MK11 3LW, UK
UKHW031744170726
13836UKWH00002B/859